너의 다정은 나의 소멸

강전욱 시집

시인동네 시인선 209 　　　　　　　　　　　　강전욱 시집

　　　　　　　　너의 다정은 나의 소멸

　　　　　　　　　　　　　　　　　　시인동네

시인의 말

10월이 태어났다

짓무른 방과
따스한 이념이

두 볼에 흐르는 해변과
어느 먼 걸음이
태어났다

안개와 안녕 사이에서
사람과 눈사람 사이에서
태어났다

2023년 7월
강전욱

차례

시인의 말

제1부

차가운 사람 · 13

나는 텅 빈 초코케이크 안으로 들어갔다 · 14

평균 · 16

덜컥 · 18

하몽 · 20

체르니, 불가능한 체르니 · 21

야근 · 24

해적 0 · 26

해적 1 · 28

해적 2 · 30

발렛 · 32

표류 · 33

복도 · 34

방주 · 36

제2부

니체 · 39

교양 · 40

거미적인 너무나 거미적인 · 42

기일 · 46

영업 · 47

단란 · 48

애드리브 · 50

모빌 · 52

상냥한 사람 · 54

오와 열 · 56

여독 · 60

자맥 · 62

제3부

채광 · 65

이명 · 66

악몽 · 68

해적 3 · 70

도핑 · 72

유족 · 74

헤픈 · 76

해적 4 · 78

우리 · 80

해적 5 · 82

해적 6 · 83

첫눈 · 84

제4부

새 · 89

다정 · 90

무릎 · 92

청혼 · 94

갈대 · 96

라떼 · 97

종유석 · 98

나비 · 102

만월 · 103

스윙 · 106

다도 · 108

불안 · 110

비트메이커 · 112

해설 N개의 '나'가 등장하는 잔혹극장 · 113
    고봉준(문학평론가)

제1부

차가운 사람

 손을 잡았다고 생각했다 너무 따뜻해서 어서 이 손을 놓아야겠다고 아니 뿌리쳐야 한다고까지 생각했다 그럼 나는 분명히 손을 잡은 것이었고 그게 맞았다 허나 그렇다면 손이 없는 내가 손을 잡게 된 것이라면 그것은 뭔가 크게 잘못되었거나 뭔가 크게 아름다운 일에 속하는 것일 텐데 그렇지? 아주 불가능한 일은 아니겠지만 나는 그때 분명히 손을 잡았다고 믿어도 되는 거겠지? 그 온기와 촉감은 분명하게 살아있는 것이어서 닿았던 순간부터 지금까지 내 안에서 살아 숨 쉬고 있는 것이라고

나는 텅 빈 초코케이크 안으로 들어갔다

흰 눈을 털어내면
나는 높은 곳에 있었다

눈을 감으면
세계의 가장 하얀 곳으로
세계의 가장 오롯한 곳으로 데려다줄 것만 같았다

모든 감각이 깨어나고 있었다
나보다 나를 더 잘 알고 싶었다

세계는 외로웠고
세계는 연약했으며
세계는 두 눈에 거대한 구멍이 뚫린 채로
그 거대한 구멍이 단 하나의 심장인 채로

모든 이름과
모든 시절과 눈 맞추고 있었다

이 모든 게 한낱 꿈으로
이 모든 게 한낱 모든 것으로 치부될까 봐

내가 할 수 있는 일이란 그저
내가 나라는 사실 앞에서 뒤늦게 태어나고 있는
나를 오래도록 기다려주는 것뿐이었고

거울 속의 나는 흔적도 없이 사라진 세계의 잔해이자 영광인 것처럼

몸이 터져라 내가 터져라
눈을 감고

눈이 더 쏟아지기를
나보다 내 끝이 더 오래 살기를
이 겨울이 더없이 뻔뻔해지기를 기도했다

평균

빛이 모여들면
나는 조금씩 가능해졌다

내가 가능해질수록
나의 기능은 사라져가고

잘 사는 것으로도 잘 죽어가는 것으로도
나에게 작은 흠집 하나 낼 수 없었다

아무렇지 않았다
아무것도 의심하지 않았다

빛이 모여들면
나는 완전히 쓸쓸해졌다
나의 쓸쓸은 양털처럼 보드라웠고
독실했다

세상이 무너지고 있다는 확신 속에서의 세상은 얼마나 아

름다운지

  빛이 모여드는 곳에서
  나는 가장 멀리 손 흔드는 사람

  빛보다 빠르거나 빛나게
  빛보다 어둡거나 빛나게

덜컥

나를 위해서
나를 해줄 수 있니?

나는 무리한 부탁만 하는 사람

천사도 악마도 길을 잃지 않게
아무도 이 밤을 탓하지 않게

예술을 하고 싶어요
손에 잡히는 대로 때려치우는 거요

불면은 꼬리가 긴 평화
그저 먹기 좋은 크기로 잘리고 싶었어

나는 예술적으로 평범하니까
나는 예술적으로 쓸모없으니까

비가 비처럼 내리는 게 이상했다

손님이 친절한 게 철없다고 느껴졌다

나는 나에게 가장 무례한 축복
꿈은 나에게 가장 오래된 몸짓

커피를 내리고 있었다
그 어느 때보다 공간적인 순간이었다

하몽

가끔은
살구나무를 잊고
검은 속옷을 잊고
양 세는 법을 잊고
가끔조차도
잊는 것조차도 잊고

꿈속으로 나가 오래된 빛을 쬐기도 하는 것이었다

체르니, 불가능한 체르니

벽을 치다가
벽이 없다는 곳에 와 있다

"이 건물엔, 이 음악에는 벽이 없습니다"

주치의가 아파서
주치의를 바꾸고

"정상이 아니어야 여기에서 나갈 수 있습니다"

귀를 막아야 들리는 목소리들
날 잊어버린 문장들이
내 이름을 찾아줄 때까지

음침한 홍조를 띠며 드나드는 저 아이들은
기적입니까 장치입니까

"그러게 벽이 없으면 만날 수 없다니까요"

놀지도 슬프지도 않으려는 저들은
어느 벽에서 태어났을까
어느 멋진 별을 품고서는

가끔 정신이 돌아오는 건
내가 여전히 나를 헤매고 있다는 숱한 이력들 때문

"피를 보려면, 피를 바꾸려면 꽃을 꺾고 또 꺾으세요"

  혼자가 되는 법 너머에는 어떤 혼자가 기다리고 있을까
  고대하면서

  오로지 사랑이 아닌 것만이 사랑으로 참작될 수 있는 세상에서 우리는 반드시 만나서 사랑하게 될 거라고
  사라지는 아이들에게 여기가 바로 그 문장 속 세상이라는 것을
  숨기고 숨기면서

주사기는 허공의 심줄을 관철시키고
웅크림은 내가 세상을 정면으로 마주하고 있다는 증거

이게 끝이 아니야 그렇게 끝을 열었던

야근

털끝만큼도,
서로에 대해 알고 싶지 않아 사랑을 시작했을 때
우리는 같은 노래를 부르고 있었다

피와
살과
강물처럼, 꿈을 닮은 온갖 흉기를 들고
생과 사를 치대면서

내가 네 곁에 남는다면
혼자를 돌봐줄 사람이 없잖아
더는 혼자로 돌아갈 순 없게 되는 거잖아

너는 나 없이는 아무것도 아닌 사람이었고
나는 혼자 없인 아무것도 아닌 사람이었다

어떤 흐느낌과도
어떤 무뎌짐에도

하루만, 단 하루만이라는 세상에서 다시
단 하루만이라도,
라는 그 세상은 너무 다른 우리가 가장 잘 해내는 짓이었고

우리가 하는 게 사랑이라고 한다면
과연 누가 사랑에 빠지려고 하겠어
그런 생각이 나게 하는 사랑을 했다

해적 0

사랑은 아니지만 자꾸만 소중해지는 사람이 있었다
풍경은 아니지만 점점 더 벅차오르는 나무 아래가 있었다

그늘은 우리 이름을 짓이겨서 만들었을까

나무 아래 작은 미래가 있었고

게으름과
첨탑과
가지 끝에 걸린 하얀 운동화가 있었다

심장은 뛰거나 가라앉고 있었고
침묵하거나 침해하고 있었고

굳이 꺼내보지 않아도 알 수 있었다 심장은 푸른색이라는 것과 심장 속에서는 무수한 틈이 태어나고 있다는 것을

그렇게 나무 아래 작은 미래 속에서

새근새근
서로 다른 숲을 그리고 있는 소리를 들었다

다만 몰래 묻어주었던 꽃과 저녁과 서로의 굽은 등을 기억해
기억해줘

추억은 아니지만 자꾸만 돌아보게 되는 내일이 있었다
인연은 아니지만 자꾸만 더 애틋해지는 이야기가 있었다

해적 1

뭐해
시 써
넌?

커튼을 걷지

커튼을 걷으러 가는 기분은 아주 멀거든
저 이국의 해변보다도
아주 먼 곳의 풍경보다도…… 더 아득하거든

커튼을 걷으면 푸른 바다가 펼쳐질 것만 같고 커튼이 걷히는 소리를 곱씹으면 어떤 사랑도 쓸모없을 것 같고 이윽고 커튼이 다 걷히는 순간 모든 바다를 온종일 거닐었던 것만 같고……

우리는 우리의 문장을 어디까지 믿어도 될까?

내 몸이 서쪽으로 가득해서

너를 끝까지 바래다줄 수가 없었다

우리의 해변은 커튼 속에서 뒤엉킨 발자국들을 따라 펼쳐지고
콸콸 타올랐다

그렇게 아주 먼 바다를 건너고 건너고 또 건너가도

바다를 보러 가자는 나는 이미 이 세상의 이야기가 아니었다 어떤 세상에서도 우리를 모르는 이야기는 존재하지 않았다

해적 2

아침은 언제나
온몸으로 양 떼를 세어보는 밤이었다

신음이란
떠나간 사람들보다 늘 한 걸음 더
남아 있는 별

나와 엇갈리고 엇갈려서 너에게 닿았던 것처럼
헛걸음이라도 소중해서

면접을 보려고 숲으로 갔다
바다로 산으로 가장 푸른 쪽을 향해서

구두를 닦고 셔츠를 다렸다

말했었나 나 세탁소 집 아들이었다고
기다리는 게 익숙하다고
표백된 안부와 망상들이

내딛는 모든 문장 문장들이 낯설다고

기시감을 느끼는 일에도
아무런 쓸모가 없어지는 일에도 많은 준비가 필요해서
많은 용기가 필요해서

구두를 닦고 셔츠를 다렸다

발렛

반듯하게 개킨 수건 두 장과
계피 캔들 그리고 인형뽑기 인형들

너는 골목을 크게 돌았고
나는 너의 길목에 있었다

이러지도 저러지도 못하는
아늑한 결말을 꿈꿔

저녁에 보지 않으려고
저녁을 먹자고 했었지

끝이 보이지 않는 어둠이란
마음 한 구석으로
텅 빈 식탁을 한없이 들여놓는 일

표류

인연이란 서로의 몸에서 길을 잃는 것
그 길이 새로운 몸이라고 입고 또 껴입는 것

복도

그대로였다 모든 것이
사라졌지만 그대로였다

자유로워지고 있었다 너로부터
기분으로부터

다행이라고 생각했다 슬프다고도 생각했다

모든 것이 사라지고 난 후로 모든 것은 더욱더 명확해지고 있었다

내가 너를 얼마나 차분하게 밀어냈는지
너의 어두운 떨림과
너의 빛나는 체취와
존재하지 않는 너의 그 수많은 이야기들을
얼마나 열렬히 실감했는지

그대로였다 완벽하게

그대로여서

모든 것이 사라지고 있을 때에도 우리는 우리가 존재하기
훨씬 이전보다
우리 같았다
그대로 있었다

방주

　나는 나와 같이 살고 있어요 우리는 혼자가 된 적이 없고요 나는 내 곁을 언제든 떠날 수 있지만 그렇게 하지 않아요 나를 살아가는 것보다 오래가는 끝은 없으니까요 영원한 것보다는 그럴듯한 문장 하나 믿는 편이 영원에 더 가까울 테지만 가끔은 또 다른 내가 와서 내가 나와 잘 지내고 있는지 보고 가요 나는요 가장 고통스럽게 죽어가던 나에게서 우리라는 말을 배우고 말았어요 아직 한 번도 발음해 본 적 없지만 내가 많아질 때마다 내가 너무 많아져서 헷갈릴 때마다 그 말을 쓰고 싶어요 아무도 우리 사이를 우리의 관계를 인정해주지 않겠지만 언젠가 그 말을 꼭 쓰고 싶어요 나는 내게 무릎을 꿇고 있어요 또 다른 나는 제 살을 발라 아름다운 만찬을 준비해요 너무 행복한데 내가 너무 많아서 다 가진 것 같은데 그런데 그렇다고 내가 좋다는 건 아니에요 그건 정말 아니에요

제2부

니체

 새로 들인 화분이 있어 보기 좋았다 둘 자리를 찾느라 애를 먹었다 잎이 넙대대한 것이 마음에 들었다 화분을 계속해서 옮기고 옮겼다 집이 오히려 전보다 넓어 보이고 외로워 보였다 그게 좋았다 요즘엔 반려식물이라고까지 하더라 어디로 옮기든 어울렸고 보기 좋아서 마음이 부요해졌다 신을 모시듯 화분을 고르다 보면 이렇게 사나 저렇게 사나 괜찮은 사람이 될 수 있을 것 같았다 어떤 삶과도 어울리는 사람이 되기는 힘들겠지만 꼭 괜찮은 사람이 될 수 있을 것 확신이 들었다 그러다 문득 보기 좋게 살다가 죽었을 때 겨우 머리 하나 들어갈 만큼의 화분에 묻히고 싶다는 생각이 들었다 뭐랄까 예쁜 화분에 묻히면 보기 좋게 문드러질 수 있지 않을까 작은 화분 하나에 머리만 묻혀서 거꾸로 매달려서 사지가 분주히 허우적거려서 살아있을 때보다 더 잘 살게 되지 않을까? 유쾌하고 기묘한 숨을 날마다 들이마실 수 있지 않을까? 화분을 들이고 화분을 옮기다 보면 우두커니 쌓인 먼지와 미래들이 푸른빛을 발하기 시작했다 화분이 많은 집에는 먼지와 미래가 빈틈없이 잘 섞여있다

교양

고양이처럼 몸을 말았다 폈다 한다 햇빛도
허물을 벗고

찬란한 시절은 온몸으로 쇳소리를 낸다지

모르는 사람의 어깨를 잠시 빌릴 때처럼
죽은 고양이를 신고
뛰어내렸을 때처럼

꿈은 사라지고 꿈결만 남았다

살았나 왜 살아있나
안에서 잠긴 질문들을 답하는 시간

안녕의 속살이 드러나는 시간
너머와 너머의 경계에서
아슬아슬해지는 시간

그렇게 마지막까지 살아남은 이름은 새도 구름도 아닌 고양이이길

간절히 빌어보는 놀이

거미적인 너무나 거미적인

바른 자세로
사랑을 나누고 싶어요

*

정오의 야경

시들어가는 꽃에는
아픈 얼굴보다 아는 얼굴이 더 많은 것처럼

손발이 잘 맞았지요 살 만하면 죽고 죽을 만하면 살았어요
제발 소중한 꿈을 어루만진 그 더러운 손으로 나를 때려주세요
씻겨주세요 어느 작은 꿈으로도 향할 수 없는 그 발로 나를 밟아주세요!

당신을 연주하려면 아주아주 달콤하고
아주아주 단단한 연장이 필요해

질 나쁜 사람의 문장은 생각보다 곧고
투명하고

차근차근 버티면서
몸에 뵈는 게 없어진 것일까요 살짝 닿기만 해도 당신의 이야기가 고스란히 느껴져요 알을 깨고 나온 알들이 부화라는 말을 다시 품고 웅크리는 장면을 떠올리며
우리는 더 따뜻한 생각을 하기로 했어요 점점 더 따뜻해지는 놀이 얼음 덩어리 같은 눈빛을 보낼까요 얼음 덩어리 같은 춤을 출까요?
따뜻한 생각들에게 미안할 정도로 따뜻하고 몹쓸 기분이 되어

손과 발
선과 악
모루와 심장, 그래 그런 것들처럼

*

덜 익은 주제로
사랑을 하고 싶습니다

*

예 제법 순수했지요 치고받고 싸워도 황홀했어요 함께 있다는 사실이 우리를 에워싸기도 내팽개치기도 했으니까

손이 없는 사람을 만날 거예요
발이 없는 사람을 만날 거야

툭하면 툭
다른 사람처럼 사랑을 나누고

손에 물 한 방울 안 묻히게 한다는 말
그 말이 우리를 축축하게 해요

끝은 비참할 거란 그 말이
그 말이 우리를 숨 쉬게 해요

끝내 서로의 진심을 보여주지 않아서
참으로 *따뜻한* 세상이에요

*

  손이 차가운 사람은 발이 차가운 사람보다 느리고 물러서 끝이 좋지 않았습니다 발이 차가운 사람은 손이 차가운 사람을 뿌리치면서 태어났고 점점 커졌습니다 담대해졌습니다 그들은 언제나 바른 자세로 사랑을 나누고 싶습니다 바른 자세로 서로를 해하고 싶습니다 서로가 서로를 빚었다고
  굳게 믿습니다

기일

  문 앞에 쌓여 있다. 와인병들. 내가 사랑했던 레스토랑. 망한 가게들을 돌고 돌고 돌다가 여기. 여기라는 거대한 후유증 속에서. 원인 모를 쓸모 속에서. 뭔가 놓친 게 있는 것 같은데. 뭔가 놓친 것 같은 기분이 내 안 가득히 쌓여가고 있었다. 이걸 비워내려면 많은 풍경을 건너야 할 것 같았다. 길을 잘못 들어설 때마다 여기, 여기에 당도했다. 와인병들 뒹구는. 지도에도 소설에도 나오지 않는. 비참한 미래가 코를 찌르는. 스스로에게 찌들어 허우적거릴 때마다 제대로 가고 있다고 다그쳐주는 곳이었다.

영업

할 일을 끝까지 미뤄두는 사람은
할 일을 끝까지 해나가는 사람보다
더 아름다운 시차를 살고 있었다
더 아름다운 골목과

더 아름다운 기린들을 거느리고 있었다

단란

무지개 끝에서 끝까지 모두 검정이에요
첫 검정 벌에 쏘인 검정 눈사람 안아보는 검정
참 다양해요 제 몸에 빌붙은 별들 털어내는 검정까지

야쿠르트 아주머니 앞에서
야쿠르트 아주머니 기다리는 검정
도 있군요 내게 가장 큰 상처를 안긴 사람의 손길처럼 소중하게
소중하게 흩어지는 검정

결국 소년은 나 혼자 남았나요
꿈속에 마른 솔가지들 밀어 넣으면서
아무도 찾지 않는 빈방을
아무도 찾지 않는 이야기를 덥히고 덥히고 있잖아요

야쿠르트 아주머니 야쿠르트 비가 내려요
피도 눈물도 없는 슬픔 속에서
눈과 귀와 입 모든 구멍에서 흘러내려요

나 한 방울도 안 잤어요

한 걸음도 남기지 않고 다, 나를 다 먹어치웠어요

애드리브

   심장보다 심장이 약한
   심장보다 사연 많고 심장보다 실패도 많아서

   귀에서 눈물이 나 입술에서 눈물이 나 미래에서 눈물이 찾아와 그런 사람 없다고 발뺌하다 바다를 건너 바다에 둥둥 떠다니는 건 구름의 지식이거나 비의 사체이거나 멈출 수 없어 형이상학적인 눈물이 나와 눈물에서 눈물이 난다에서 눈물이, 눈물이 흐르고 피까지 나는데

   모든 난동 속에서
   제자리를 찾을 거야

   그대의 심장 속으로 전이된 어둡고 캄캄한 골목을 지나다가
   골목은 그저 긴긴 장식에 불과하다고, 그대의 고통을 단숨에 통과해버렸다

   그대의 숨이 그대의 숨을 거두어들이는 동안

그대의 백태는 그대의 서정
그대의 빗질은 그대 너머로의 운구
나는 그대의 모든 속살을 뒤집어쓰느라
그대가 미처 흘리지 못한 눈물들을 모으느라

우리는 겨우 우리까지였고
우리는 감히 우리까지였다고

아슬아슬 먼지가 되어가는 중이었다⋯⋯ 먼지가 되거나 먼지가 되고 뭐가 뭔지 모르겠다가 먼지를 밀어내고 결국 먼지가 되어버리면

먼지보다 먼저 사랑을 이야기할 수 있게 될 거야
먼저보다 먼저

모빌

 약속 장소엔 아무도 없었다 저 멀리서 약속이 뛰어오고 있을 뿐

 많이 늦었네 나는 약속의 등을 토닥이며 말했다 약속은 헐떡이면서 그는 나오지 않을 거라고 자기는 분명하게 전달했다면서 약속은 짐짓
 약속을 지켰다며 안도하는 표정이었고

 나는 또 그를 기다리고 있었다 약속은 오지 못하게 새 약속을 잡아놓았지 애초에 그를 만나게 해주겠다고 장담한 것도 약속이었다 나는 그와의 약속을 지켜야 했다 약속이 뭐라고 하든 어떻게 나오든

 기다린 만큼 더 많은 강물을 써 내려갈 수가 있어
 기다린 만큼 더 많은 뒤꿈치를 조각할 수가 있고
 더 깊은 꿈과 모양과 무지함을 깨우칠 수가 있어

 어디선가 들려오는 목소리는 맑고도 선명했고

나는 모든 방향과 반대로 가고 있었다 모든 상징과 충돌하고 있었다

기다리다가 기다리다가 약속이 올 수 없는 곳까지 번져버린 것이었다

약속이 올 수 없는 곳에서 약속을 지키고 있었다
약속을 지키고 있으면
누군가 허공의 모든 꽃잎을 떼어갔다
살아내지 못한 이름들을 천천히 수거해갔다

그와의 약속을 지키는 풍경 속에서 나는 그와 무관한 존재가 되어갔다

풍경과 무관한 숲속에서
나의 온갖 기후들이 발굴되고 있었다

상냥한 사람

몸에 꽉 끼는 하루였어요
연어처럼 쪼개질 것 같아

버스를 놓쳤다 버스가 너무 느려터져서

조금 더 힘을 내보기로 했다
젖 먹던 힘까진 쓰고 싶지 않아서

나보다 나를 신뢰하기로
최선보다는 최악에 기대기로 했다

조금은 힘이 나
힘이 되는 말들이 우리를 힘들게 해서

다시 사람들 앞에 서겠지
춤을 추거나 노래를 부르겠지
합의를 미루거나 노래를 부르겠지
모르는 사람들과 함께 노래를 부르겠지

지쳐 쓰러지거나 소멸하면서도 노래를 부르겠지

기타의 일곱 번째 줄을 꾹 누르는 기분으로

더 나빠질 것이란 희망이 나를 찾았듯이
더 나아질 것이란 절망이 나를 살렸듯이

내 영혼은 어느 먼 다행 속에서 태어났나 봐
박제된 날갯짓으로 그득그득한 그곳에서

오와 열

비틀비틀

배꼽을 잡으며
배꼽을 잡으며

완성되는 비가(悲歌)

*

어제의 흔적은 깨끗이 사라졌고
내일의 흔적만이 남아 있다

두통, 한 사람의 눈보다 맑고 오래된 통로

온 세상을 휘젓는 메스꺼움, 속은 멀쩡한데
분명하게 뒤집히고 있다는 기분

데구루루

데구루르
머리 없는 새는 저렇게 울고
저렇게 고개를 흔들고

머리를 맞대지 않았을 겁니다
한 사람의 머리통이 절대 쉽게 부서지지 않는다는 것을 좀 더 일찍 알아챘더라면

추억을 들먹이거나
결말을 조아리지도 않았을 것입니다

우리 좋았는데
우리 우리였잖아

당신은 당신으로 불어나고
나는 인형뽑기 기계 앞에 선 작은 인형처럼

주먹을 쥐어봅니다

당신 생각이란 걸 해봅니다
아무도 못 해낸 그걸 제가 해냅니다

숙취란 초월인 걸까
가장 눈부셨던 꿈을 밀어내고 차지한 꿈결처럼

세상이 돌아오는 게 빠를까 우리가
무너져내리는 게 빠를까

흔들린 적도 우리는 뒤돌아본 적도 없는데

세상이 제대로 돌아가기를 바라지 않아요
세상이 제대로 돌아오기만을

세상이 제대로 돌아오는 것보다는 우리가 무너져내리는 것이 훨씬 더 값지다는 슬픈 사실 앞에서

어떻게 부서지든

어떻게 사랑하든
우리만의 속도로

당신 혼자 앞서가는 것을
우리의 탄생이라 부르고 싶어

여독

섞다 만 트럼프 카드
달걀과 낫토

나른함이 한 시절을 고스란히 껴안고 있었다

길을 잃었다는 말보다
달콤한 꿈은 없을 거야

몸에 또 별들이 들러붙었네
달콤한 꿈을 너무 많이 꿔서

가끔 뒤돌아보면 나의 오래된 뒷모습이 보였고
나와는 정반대로 향하고 있는 그가 부러웠다 낯설었다
나의 오래된 뒷모습은
나의 머나먼 풍경으로 투신하고 있었고

책상 밑에서는 축축한 음악이 흘러나왔다

젖은 몸을 말리는 동안 나는 하나의 물결이 되어가고 있었다

언제나 나는 내 문장에 적응하지 못한 채 살아가고 있었다

자맥

풍경에서 바다를 빼면 고독은 전혀 다른 의미가 되어갔다
나에게서 너를 빼면 우리는 지극히 우리다운 것이 되었다

제3부

채광

그저
이해받고 싶지 않아서였다

휴가를 쓰고 출근을 했던 것은
서랍보다 구름을 더 많이 뒤졌던 것은

물컹한 타건 소리 너머로
검붉은 파티션 너머로

겨울을 재촉하는 포옹이 있었고
눈을 붙이기에 좋은 악몽이 있었다

이명

  그 언덕은 양장으로 되어 있었다

  언덕 위의 그는 슬펐다 그에게 필요한 것은 오로지 언덕이었으니까 모든 걸 다 가진 그에게 필요한 것이라곤 겨우 언덕이었으니까

"나의 심장은
꿈 너머로 선회하고"

가장 빛나는 무대 위의
가장 빛나는 배우들조차도
언덕 위의 그를 흠모하였다

수많은 풍경 위에서
저마다의 영원을 마감했던 작가들 모두
언덕 위의 그에게서 영감을 받고 한계를 느꼈다

"신도 죽으면 여기로 올까?

차마 신은 죽었다고 쓰지는 못한
어느 착하고 헤픈 이들의 지옥과 함께"

아무런 의미도 없이 시작된 두근거림과
절박함으로 가득한 곳이었다

아무 일도 일어나지 않을 거라는
아무 날만의 결실들로 꽃피우는

그는 언덕을 오르내리기를 반복했다
이미 흔적도 없이 사라진 그 언덕을

악몽

강물이 불어나는 것을 바라보며
아이는 새를 낳을 것이라 했고
우리는 그 아이가 우리의 부모였다는 것을 잊고 있었다

그 아이는
우리가 사람이 아니었다면 뭔가 달랐을 거라고 믿었다
다르게 시작되었거나
다르게 시작되지 않았을 거라고
그런 믿음이 우리를 우리로 남게 한 것일지도
우리를 강물 속으로 이끌었는지도 몰랐다

미꾸라지 한 마리가 강물을 쉬게 한다는 믿음 같은 것

흐르지 않는 이야기들이 흐르는 강물 속에서 흐르고 있었다
우리가 우리를 독식하고 있었다

침묵이란 나 자신을 입에 대지 않는 것이기도 하면서

가장 어두운 목소리로
내가 여기 있다고 외치는 것

새가 새를 낳지 못하고
사람이 사람을 낳지 못하는
그런 세상을 꿈꾸며

해적 3

꼿꼿이 우리는 시간을 죽이는 영화를 찍고 있다 주섬주섬 나는 꽃 같은 건 모르고 너는 꽃을 꽂는다 모르는 게 약이 되고 꽃이 될 거야 너는 집중하고 있다 만든 사람도 없고 본 사람도 없는 영화를 찍으면서 이 정도로 시간을 죽이는 영화는 없을 거라고 나는 꽃을 보고 꽃은 나를 아파한다 이런 은유는 조금 가혹하겠지만, 우리는 시간 바깥으로 쌓이는 눈처럼 아무런 감흥이 없다 언젠가 한 번쯤은 시간을 살리는 영화를 찍고 싶어 보고 있으면 마음이 차가워지는 보고 있으면 어느새 먼 이별에 닿아 있는 너는 꽃을 꺾고 나는 주먹을 쥔다 너는 내 입술을 뒤적이면서 장미를 찾는다 내 취미는 너야 내 취미는 퇴화야 너는 가장 붉은 장미를 원했고 나는 가장 푸른 약속을 원했다 아마도 마음을 주고받자는 뜻이었겠지 마음을 주고 받자는 것보다 상업적인 문장은 없을지라도, 마음을 주고받기 전에 마음이 거기 있나 없나 그것부터 살펴봐야만 했어 우리는 엑스트라도 없이 혼자였고 엑스트라도 없이 창문을 열고 엑스트라도 없이 눈물을 닦고 엑스트라도 없이 안달이 나고 엑스트라도 없이 잠이 드는, 그런 평범한 일상들이 가장 위험한 모험이라는 것을 알았다 잘 알았지 너의 다정은 나의 소멸이라는 것도 나는 나도 모르게 꽃을 꺾고 너는 너도 모르게 웃는다 우리는 서로를 주저하는 일에 지쳤거나 미쳐 있다 영화가 끝나고 난 뒤에도 누군가는 이 영화를 이어가야만 한다고 너는 말한다 돈을 세듯 물을 주고 몸을 부수듯 마음을 주며 돌봐주어야 한다면서, 가슴에서는 새하얀 필름이 돌아가고 있었고 우리는 작은 병 안에 담긴 세상을 들고 세상에서 쫓겨난다 아직 더 하고 싶은 이야기들이 참 많은데, 우리는 세상에서 쫓겨나 일상으로 돌아간다

도핑

    회식이 잦았다 하고 싶은 말을 참으려고
    살고 싶은 사람들을 떠벌리고 다녔다

    내가 살고 싶은 사람은 아직 이 세계에 모습을 보이지 않고 있었지만
    저마다의 살고 싶은 사람들이 있어 이 세계가 원만히 무너지고 있는 거라 믿었다

    나의 보람은 나의 위독뿐인 것처럼

    내가 살고 싶은 사람은
    내가 이루고 싶은 꿈을 이해하지 못하고 있어서
    아직 이 세계에 모습을 드러내지 않고 있는 것이었다

    내가 이루고 싶은 꿈은
    나를 어떻게든 살게 만드는
    나를 어떻게든 나이게 만드는
    그 모든 꿈에서 깨어나는 것이었다

눈물을 흘리고 있는 게 겨우 눈물을 참고 있는 게 되는 것처럼
목소리를 내보려고 아무도 살지 않는 이력을 쌓아나가고
내 숨소리 하나도 믿지 못하게 되는 것처럼

아무도 없는 내 옆을 위해서
옆만 보고 달리는 것이었다

유족

우리는 선에 가까울까 악에 가까울까
이 질문에는 선악이 없고

우리는 너에 가까울까 나에 가까울까
그 질문의 답을 안다면
짐작이라도 할 수 있겠다면
세상의 모든 지혜를 깨우치고도 남겠다

그저 선을 넘고 싶어서
선을 죽 긋고
은유 바깥으로 서고 싶어서

다리 쭉 뻗고
가라앉고 있었다

빛이 있기 전에도
어둠이 있기 전에도

있었던
자연스러웠던

우리는 혼자보다 뒤에 있었다

헤픈

오늘은 가슴이 뻥 뚫린 장미가 피어 있고

나는 너를 더듬으며 가장 붉은 별의 안녕을 복원하기로 한다 떨어지는 꽃잎 사이로 나의 얼굴이 비치고 너의 엄살을 바르면 장미의 뼈가 드러난다 어떤 꽃은 팔이 안 펴지고 어떤 꽃은 너무 부드럽게 녹아내렸다 소름 끼치도록 낯선 체취에는 죽은 별들의 환생이 덕지덕지 붙어 있었고

흐드러지자 흐드러지자

우리의 안녕에는 세상에서 가장 환한 가시가 자라고

너는 마지못해 눈을 뒤집는다 지금 네가 느끼는 절정은 나의 문장에 갇혀 있다는 것인데

시체에 꿀을 바르는 작업은
대체 어디서부터가 끝이고 시작일까

눈가에 차오르는 포르말린과 함께 나는 너의 영원과 전쟁 중이다

해적 4

여기에도 곧 들어올 거라고 그 먼 곳에서 이 먼 곳까지
무슨 바람이 불었을까 사고 싶은 건 없는데 꼭 같이 가줘야 한다면서 너는

우리도 나이가 들면 가구가 되겠지 우리는
우리는 되지 않을 거니까…… 흔적이 쌓이고 흔적 너머로도 바래지겠지
여전히 차오르는 사람들 탓에 빛은 못 볼 거야 물론
몇몇은 길을 잃고 길의 일부가 될 테지만

어렵더라 혼자서도 충분하다는데 나이가 드는 것도 나 혼자서 혼자와 어울리는 것도 자주 혼자만의 생각에 빠져 사는 우리에게 함께 가구를 고르고 조립하는 일이란 우리를 더 깊은 혼자만의 생각으로 바래다주는 거라서

여기에서 가장 먼 곳으로 갔다 차 없이 차를 몰고 몰아
여기에서 가장 여기 같은
거기에서 너는 우리를 꼭 닮은 가구들을 보았고 나는 우리

를 하나도 닮지 않은 우리와 마주한 것인데

  원숭이 인형 하나 샀어 가구보다 더 가구 같은 인형 적막한 실내를 한층 더 자연스러운 적막함으로 가득 채워줄 만큼 보드라운 털과 싱그러운 미소 귀여워 살아있는 것 같아 품에 꼭 들어맞는 꿈을 꾸고 있다는 듯 아주 크고 슬픈 눈을 가지고 있어 얼마든지 더 커지고 슬퍼질 수 있는 계절을 한 마리 데려왔어

  누나는 이게 시가 맞냐고 물었고 넌 침팬지라고 했고 누구는 아주 중요한 손님이라면서 어느새
  원숭이 인형을 쓰다듬고 있었다

  사길 잘했지? 잘했네
  나 살면서 제일 잘한 일 이케아에서 원숭이 인형 산 일 삶과 죽음을 초월해
  가장 호화스러운 유년을 보낼 수 있을 것만 같아

우리

혼자라는 것이
우리에게 얼마나 많은 의미가 담긴 우리였는지를 잊고 있었다

또렷하게
기억되는 미래에서는
우리 옆에는 아무도 없었다
우리 모두를 위해서

알아 우리는 보다 나은 인간에 가까워질 거야
다시는 보다 나은 우리에게는 결코 도달하지 못할 거야

이것이 우리의 진심이구나
이것이 우리의 최악이구나

손 놓지 않았을 때도
어깨에 기댔을 때도
옆만 보고 달렸을 때에도

우리 옆에는 아무도 없었다

영원이란 혼자 앓던 모든 미래를
함께 견디게 만드는 노래
가장 사적인 풍경

거기서는 살아남지 말자

절대
절대로

해적 5

  빗소리는 생각보다 더 많은 계절을 썼다 지웠다 했다 봄이 오고 있다는데 아무것도 준비하지 못하고 있었다 그저 많은 것을 내려놓고서 나는 나를 비집고 들어가 네 곁에 머무르고 있었다 너는 준비가 다 되어있었고 나는 네가 내 사람이라는 사실에 어지러웠다 병원에서는 빈 꽃병을 처방해주었다 너는 내가 나를 비집고 들어갈 단 한 줌의 틈이었다 영혼이라는 말이 무섭고 두려워지기 시작했던 순간은 내가 나를 나라고 불러줬을 때부터였던 것 같다 봄은 비보다 빗소리가 먼저 시작되는 이야기였고 그 이야기 속에는 어떤 꽃도 자라지 않았다

해적 6

우리는 흰 접시처럼 무릎을 꿇고 행복하다고 말할 것이다
우리는 흰 접시처럼 무릎을 꿇고 너무 멀리 왔다고 말할 것이다

첫눈

나는 숨기 좋았다
무럭무럭 피어나는 김 뒤에

그늘, 찜통 같은
수족관? 더 찜통 같았고

〈왕대박대게파티〉

대박은 출구가 될 수 있을까
있을까가 될 수 있을까?

꿈을 조여오던 장화
뒹굴뒹굴 발렛파킹
손님을 개로 모셔

다만 빛나게
숫돌을 꼭 안고 자던 아이

네가 어른이라는 걸 알아, 고모는
무서운 문장을 많이 알았고
쿵쿵 쿵
눈을 맞추곤 했다 눈이 다 풀린 채로

더 갈아주세요
나를 갈아 당신을 안아 버릇해서

잘 벼려진 나의 포옹은
어떤 고통도
어떤 영혼도 쉽게 통과할 수 있어서

고모는
목을 꼿꼿이 세운 채 울었다

우리는 바닥을 치는 게 더 우리다웠다
더 아름다웠다고
기린에 실패하는 그림만을 그리던 나날들

고모네 가게에선 조미료를 쓰지 않았다
대마도 너머 큐슈까지 보였다

제4부

새

다한 문장들과 더한 문장들 사이로
다정한 문장 한 줄이 껴 있었다

다정

   통화를 끊지 않고 잤다 수화기 너머 뒤척이는 소리와 부스럭거리는 소리가 밤을 더욱 둥글게 만들었다

   눈처럼 불어날 거야
   검고 착한 눈처럼

   면도할 때마다 상처가 났다 피를 닦고 피를 닦으면 내 피가 다른 곳으로 흘러들어 가는 듯했다

   일이 손에 잡히지 않아
   일만 잔뜩 벌여놓듯이

   사랑에 대해 생각했다
   사랑에 대해 생각하면

   모든 호흡이 한 점으로 모여들 것 같고
   모든 풍경이 한 호흡으로 펼쳐질 것 같았다

별다를 거 없는
별다름으로 충만한

내 이야기를 시작하기 두려웠다
내 이야기 또한 나를 시작하기 두려웠을 것이다
언제 끝내야만 할지
어떻게 끝을 내야 가장 나다울지
쭉 미래를 싸맬 것이다

창가에 풀어둔 혼자들에 대해
언 몸을 녹이는 빈 겨울에 대해
나를 나라고 믿게 된 기적에 대해

무릎

오늘이 없으면 좋았다

오늘이 없는 사람들과 오늘을 살아가고 있었다
등잔 밑이 찬란해지고 있었다
운명이 딴딴해지고 있었다

오늘이 없는 사람들은 어제처럼 웃고 내일처럼 아름다워지고 있었다

지친 몸이 지친 마음을 어르고 달래고 이끌었던 것처럼
지친 몸이 지친 마음보다 마음에 가까운 것처럼

오늘이 없는 사람들의 손을 잡으면
오늘이 전부인 것처럼 살지 않아도 좋았다
오늘이 하나둘 느껴졌다

오늘만 기다려온 사람처럼 오늘을 놓아주고 싶었다

오늘이 없는 사람들과 함께
오늘이 없는 이야기를 나누고 있었다

우주 바깥으로
크고 둥근 달을 그려넣고 있었다

청혼

    끝내 덜 마른 꿈들은 아직도 그대의 메마른 눈가를 잊지 못하는지

    그대가 보내준 이야기는 잘 읽고 있습니다 그 이야기하고만 웃고 떠들고 해서 내 이야기는 시작도 못하고 있지만

    그대 이야기 속의 나는 나를 조금도 닮지 않았다는 게 특히 마음에 드는 부분입니다 부디 이런 걸 더 많이 써주셨으면

    호흡마다 결말이 바뀌는 이야기를 안녕이라 믿었고
    안녕에게도 안녕하시냐고
    눈을 감고

    서로를 가장 오래 질문하는 하나의 답을 적어 나갔었지요

    밑 빠진 밤을 채우듯이
    살을 찌우고 환청을 쏟아내며
    더 깊고 흥건한 꿈속으로 날아가던

그대의 모든 것은 그대롭니다
그대의 길목과 그대의 공터는 그대롭니다
그늘이 필요할 땐 서로의 허름한 미래를 맞대고 있던
우리의 푸르른 염치 또한

아주 잘 읽고 있습니다 그대가 쓰지 않은 이야기 또한

저 끝까지 읽고 또 읽고 있었는데 여전히 책장 넘기는 소리만은 들려오지 않았지만

갈대

  그때도 나는 꿈꾸는 자였다. 꿈을 토하며 쓰러졌을 때, 깊은 밤을 다 게워냈을 때도. 계속해서 꿈꿔야 해. 죽었는지 살았는지 모두를 속였는지 정확히 하려면. 내가 나라는 나쁜 꿈에서도, 내가 나라는 그 지독한 악몽 속에서도 나는 꿈꾸는 자였다. 꿈에서 깨어났어도 나는 꿈꾸는 자여야만 했다. 꿈꾸지 않는다면 아무도 내 이야기를 들어주지 않을 테니까. 세상은 꿈꾸는 만큼 잘못되겠지만 우리는 계속 꿈을 꿔야만 했다. 잘못되기 이전의 세상이 훨씬 잘못되었단 것을 밝혀야만 했다. 누구의 잘못인지도 모르게 더 큰 꿈을, 더 불가능한 꿈을, 더 아름다운 꿈을 꿔야만 했다. 누구보다 아름다운 꿈을 꾸던 불면처럼. 꿈이 넘치고 흘러 몸이 말을 듣질 않고. 꿈을 펼치고 펼쳐도 내가 뭘 할 수 있는지 모르겠어요. 팔다리가 잘려 나가도 남은 건 팔다리뿐이고, 흔들리지 않아도 흔들림뿐이었다. 꿈을 꾸면 꿀수록 좋은 사람에서, 행복한 사람에서 멀어질 뿐이라 해도. 쓸모없음마저 나를 밀리할 때까지 나는 꿈꾸는 자이리라. 영원을 믿진 않지만 영영 나는 꿈꾸는 자이리라. 단지 영원이란 건 내가 나를 뜯어말리는 꿈이었다. 그 꿈 속에서 나는 늘 새롭거나 비참했다.

라떼

 책장 넘기는 [소리]를 따라가다 보면 눈 내리는 마을이 보인다 눈 내리는 마을에서는 얼어붙은 [코끝]을 비비며 서로의 첫눈을 이어가는 습성이 있고 체온이 내려가면 내려갈수록 따뜻하고 아름다운 이야기가 성립되었다 겨울은 끊어진 발자국들을 더듬으며 자신을 곱게 단장했다 끊어진 발자국들을 밀어내고 밀어내면서 자신의 가장 오래된 연인과 오래 걸었다 입맞춤이란 다물어지지 않는 꿈 같은 것, 핏자국 속에도 주머니 속에도 오해 속에도 눈 내리는 마을이 펼쳐져 있다 아직 더 걸을 수 있어 새와 구름은 누군가의 심장이었던 시절을 기억하는지 [불쑥] 겨울은 세상에서 가장 흰 문장을 떠올리고는 다시 걷지 숨이 차올라 숨을 감게 되는 것처럼 [오] 눈 감으면 눈 내리는 마을이 늘어만 간다 허공이 깊어진다 입가에 묻은 [안녕]을 닦아내면서 나는 [점점] 더 선명해지고 있었다

종유석

소년이란
오롯이 실종의 영역

피아노 치기 참 좋은 날에
피아노 치기 참 좋은 손으로

소년은
제대로 놀 줄도 누울 줄도 모르고

피아노를 쳤어요
홈런을 쳤어요

두 손이 날아가도록
두 손이 되돌아도록

안녕이 떼어간 입술
밑줄이 달아준 숨결처럼

나는 애였던 적도 나였던 적도 없어요

그저 나는 처음부터 소년이었고

언제까지나 소년이겠죠

피아노 치기 참 좋은 손으로

주먹을 쥐기도 해요

주먹을 제대로 쥐는 법은 악보에만 있거든요

손이 모아지지 않게

신이 옮기지 않게

주먹을 쥐었어요

그저 주먹에게 닿기를 간절히 바랐어요

벼락처럼 나를 데리러 오시라

잠은 머리 셋 달린 천사

태초에 기괴함이 있었으니, 빛도 어둠도 기괴함에서 출발했으니

우리 슬픈 이야기를 덮고 자자

가위란 슬픔이 잠의 목을 오래도록 부러트리는 것

내 숨은 푸르게 푸르게 난도질 당하고, 슬픔은
내 작은 육신을 제외한 나의 모든 부분을 울게 했어요

뭉개진 심장에 한가득 초를 꽂고
쾅쾅
입김을 불었어요
영혼이 빠져나올 때까지
모든 문장이 소멸할 때까지

나보다 이름 없는 결말은 없을 테죠
쾅쾅
어느 먼 기억 속의 파란 대문을 두드려요
할머니 손은 약손이이었고
피아노 치기엔 어려운 손이었어요
약이 되기엔 너무나도 아픈 개념이었죠
할머니, 그녀는 내 피아노 속에 묻힌 달빛, 첨탑, 숲……
나는 조성진보다 시적일 거예요

뼈를 뚫고 나오는 꽃잎들

검은 크레파스를 녹여 만든 태양

어느덧 세상은 깨끗하게 지워진 지문으로 가득해요.

나비

움직일 수가 없다
시공간이 몸에서 빠져나가고 있었다

울음이 터지는 것과
걸음을 멈추지 못하는 것 중에
무엇이 더 축축할까

내 몸은 거대한 질문이었고
어떤 영혼도 허락하지 않았다

행간과 결백 사이에서
기척과 입자 사이에서

쉬지 않고
나는 나의 오래된 경직들과 뒹굴어요

만월

누나는 내 옷장에 자주 들른다
내 옷장은 옷이 없는 누나의 안목으로 가득하고
나는 죽었다 깨어나도 유행을 따라가지 못할 테지

잿빛 양복도
칼주름 테니스 스커트도
모두 소화하던 우리 누나
아무도 모르게 식을 올렸던 그 사람

손이 두 개
다리가 두 개
슬픔도 두 개야 짝이 맞지 않으면 아무 일도 일어나지 않을 거라고 아무것도 말이 되지 않을 거라고 그래서 그렇게

누나는 아무도 모르게 철이 든 것뿐이었고

조카들이 놀러 오면 나는 그들이 곤히 잠이 들었을 때에만 모습을 드러낸다 그들이 자고 있을 때에만 그들과 놀아준다

더 깊이 잠들어 깨어나지 않게

 벌레 보듯이
 벌레 죽이듯이
 아끼며
 사랑해준다

 육아는 세계의 하중을 온몸으로 받아내는 일 아니 다른 세계의 하중을 온몸으로 끌어올리는 일, 육아에 시달릴 때마다 받아들일 수 있는 세계가 수만 개씩 늘어나는 한 사람에 대하여

 누나의 기미와 누나의 쇄골과 누나의 블루스는
 꾹꾹 눌러 담은 이야기 같다
 마법 같다

 어디 가면 누나를 꼭 애인이라고 소개한다

잘 어울린다는 말을 자주 듣는다

우리 둘 다
아무렇지도 않다

스윙

 복사기 돌아가는 소리. 그 소리 밑에는 끝내 별이 되지 못한 자책들 수북하고. 끝을 봐야지. 그것이 사수의 처음이자 마지막 순수였다.

 꿈에 그리고 그려도 그려지지 않는 꿈이 있어

 사수는 일만 했다. 가정을 내팽개치는 것 또한 일의 연장선이었을 뿐이었고.

 꿈에 그리고 그려도
 그려지지 않는 끝이 있어

 미친 듯이 혹은 보란 듯이. 사수는 일에 매달렸다. 자기처럼 되지 말라고, 자기처럼은 살지 말라고 누구보다 노력하고 노력했다.

 복사기 소리 그것은 나를 미치게 해
 미쳐버린 나는 나를 나답게 하고,

나를 영원 너머로 영원하게 해

 나에게는 그저 작고 소박한 꿈이 있었다. 정원이 딸린 집과 파란 세단. 사랑하는 사람은 아니라도 온몸으로 안아줄 수 있는 사람과 함께 사는 것. 좋아하는 일은 아니어도 드문드문 보람을 느끼는 그런 일. 누가 봐도 번듯한 비극의 주인공처럼 사는 꿈.

 정원이 딸린 집과 파란 세단
 정원이 딸린 집과 파란 세단

 언제부터였을까. 저 작고 소박한 나의 꿈은 나의 거기로 가득 차 있었다. 저 작고 소박한 것이 여기 까마득히 높은 곳에서 나를 내려다보고 있었다.

다도

축구선수는 운동화를 신었다
구두를 신었다
겨울에도 슬리퍼를 달고 살았다

축구선수는 축구화를 빌려 신었다
축구선수는 친구들을 꺾어 신었다

날아가는 공을 따라 풍경이 늘어난다
풍경은 둥글고 부드러운 냄새가 난다

축구선수는 빌려 신은 축구화를 소중히 간직하기 위해서
그라운드를 벗어나고 있었다
관중을 밀쳐냈다
아유처럼 드넓은 하늘 아래
축구선수는 숲으로 달려갔다

어느새 숲속 어느새 어느새라는 그 깊은 숲속에서
축구선수는 자신의 축구를 했다

숲이 떠나가라 숲속을
초록 어디인가를 헤매는 것인데

축구화가 다 닳을 때까지
숲 뒤로 바래질 때까지

축구선수는 자신의 꿈을 이룬 듯 보였다
자신의 꿈이 무엇인지도 모르는 채

기약 없이 차오르는 숨을 다독이며
자신의 따뜻한 시신을 더듬고 있었다

불안

너무 따뜻해서 그만
손 놓아야겠다고
뿌리쳐야 한다고까지 생각했어

믿을 수 없이 따뜻해서
손이 없다는 사실조차 까맣게 잊어버릴 만큼
낯선 손길이었어

없는 손으로 그 손을 분명하게 잡아버렸던 걸까

길을 잃고서
그 손길을 걷고 또 걷는 기분이었어

내가 누군가의 손을 잡았다는 것은 곧
이 세계가 단단히 잘못되었다거나
이 세계는 사뭇 아름답다는 것의 반증일 텐데

아주 불가능하지도 않고 아주 가능한 일도 아니겠지만

손이 없는 내가 누군가의 손을 잡았다는 사실은
변함없이 내 주위를 서성이고 있으니까

그때의 그 온기와 촉감은
분명하게 아득해서
닿았던 순간부터 지금까지
내 안에서 살아 숨 쉬고 있으니까

행여
그 손길이 최초의 은유라고 해도 믿겠어
최후의 풍경이라 해도

비트메이커

손이 없는 사람에게서 배웠던 수화
집이 없는 사람에게서 받았던 빈방

당신의 안부가 나의 내부였으므로

손끝도
이름도 목소리도 우리가 잃어버린 공간 중 하나였으므로

새의 날개는 신의 부재를 뽐내고 있었다
새의 죽음은 신의 부채를 정리하고 있었다

더 나은 내가 되기 위해서 내 이야기를 끝까지 들어주지 않았던 것처럼

살구나무 옆에서
못다 한 문장들이 쌓이고 있었다

해설

N개의 '나'가 등장하는 잔혹극장
— 강전욱의 시세계

고봉준(문학평론가)

　강전욱의 시는 아르토의 잔혹극이나 쇤베르크의 무조음악을 연상시킨다. 아르토의 잔혹극은 관객이 공포와 광란을 경험하게 함으로써 무대 위의 행동과 관객의 내면 사이를 가로막고 있는 이성이라는 벽을 허물어뜨리고, 상징적이고 원초적인 육체적 표현을 통해 관습적 질서에 의해 가려진 원초적인 욕망을 드러낸다. 그가 추구한 '잔혹'은 대본 중심의 연극적 전통은 물론이고 사회를 지탱하고 있는 모든 외관을 파괴하는 것을 겨냥했다. 쇤베르크의 무조음악 또한 조성(tonality)이 없는 음악을 지향함으로써 조성이 중심인 서구의 음악적 전통에 반기를 들었다. 음악에서 조성이 없다는 것은 어울림, 즉 조화를 추구하지 않는다는 의미이며, 조성, 화음,

선율 등이 배제된 음악은 난해하면서도 듣기 거북한 것이 된다. 이처럼 모든 파행적이고 전복적인 예술은 장르적 관습이나 전통을 부정함으로써 기존의 방식에 익숙한 사람들에게 의도적인 불편함을 초래한다. 이런 실험적인 예술의 공통점은 '이해'를 추구하지 않는다는 것이다. 이것은 "그저/이해받고 싶지 않아서였다"(「채광」)라는 강전욱의 화자의 이야기와 유사하다.

  아르토는 원초적이고 육체적인 표현을 통해 언어, 즉 대본 중심의 전통을 해체했고, 쇤베르크는 조성을 없앰으로써 조성 중심의 음악적 전통을 부정했다. 그렇다면 '이해'를 추구하지 않는 방식의 시 쓰기는 어떤 방식으로 가능할까? 시(詩)가 '언어' 예술이라는 사실을 생각하면 이 질문에 대한 대답은 대략 두 방향으로 진행될 수 있을 것이다. 하나는 '언어'에서 벗어나는 것, 가령 사진이나 그림처럼 시각적 이미지를 적극적으로 활용하는 방식이다. 다른 하나는 '언어'라는 조건을 부정하지 않으면서 '언어'를 기존과 전혀 다른 방식으로 사용하는 것이다. 이때의 '언어'는 탈영토화 계수가 높은 언어, 즉 의사소통의 도구가 아니라 탈(脫)기표화된 언어, 강도적(intensive)인 언어이다. 오랫동안 시인들은 이 후자의 방식을 통해 새로운 언어를 생산해왔다. 강전욱의 시 또한 이 계열에 속하는 듯하다. 여기에서 언어는 의사소통, 즉 '의미' 전달을 목표하지 않는다. 또한 그것은 일상적 세계에 존재하는 특정한 대상을 지시하는 기호적 작용도 수행하지 않는다. 가령 "축구 선수는 친구들을 꺾어 신었다"(『다도』)나 "흰 접시처럼 무릎을 꿇고"(『해적 6』), "손님을 개로 모셔"(『첫눈』)처럼 명확한 의미를 이해하기 어려운 진술들이 바로 그 사례들이다. 이런 언어로 쓰여진 시는 비문(非文)을 엮어서 시적인 효과를 연출하거나 의도적으로 미완성을 지향, 즉 미완성의 완성을 겨냥한다. 물론 이러한 작품일수록 '언어'를 중요하게 생각하는 경향이 있다. 즉 사물/세계와의 연관성이 해체되면 그때부터 언어는 일종의 자율적 실체가 되고, 시는 '언어'로 구축된 자기 완결적 세계가 된다. '언어'와 외부 세계의 연관성이 끊어진다는 것은 시어를 지시나 의미의 맥락으로 환원시키는 익숙한 해석 방식을 포기해야 한다는 의미이다. 이때 시의 언어는 그 자체의 질서와 문법에 따라 시적인 효과를 생산하게 된다. 가령 "다한 문장들과 더한 문장들 사이로/다정한 문장 한 줄이 껴 있었다"(『새』)라는 작품을 살펴보자. 이 시의 제목은 '새'이다. 이때의 '새'가 '새(bird)', 한곳에서 다른 곳까지의 공간, 어떤 때에서 다른 어떤 때까지의 동안 가운데 어떤 것을 의미하는지는 분명하지 않다. 아니, 시인은 잉여적인 정보도 부가하지 않음으로써 의도적으로 모호성을 조장한다. 독자는 다만 '사이'와 '껴'라는 시어를 통해 '새'가 '새(bird)'가 아니라는 사후적으로 짐작할 수 있을 따름이다. 그런데 '새'가 '새(bird)'가 아니라는 사실을 깨닫는 것은 우리가 시를 읽는 이유와 거의 관계가 없다. 따라서 우리가 주목해야 할 것은 "다한 문장들"과 "더한 문장들"과 "다정한 문장"의 관계일 것이다. 하지만 이 시는 이 관계에 대해 아무것도 말하고 있지 않으며, 독자 또한 그것에서 표면적인 차이 이외의 것을 발견하기 어렵다. "다한 문장들"과 "더한 문장들"의 차이가 '다-'와 '더-'의 차이, 즉 양성모음과 음성모음의 차이에서 비롯되는 질감의 차이라는 사실만이 느껴질 뿐이다. 그렇지만 이 차이를 반복적으로 읽으면 설명하기 어려운 느낌이 생겨난다. 그것을 '시적인 것'이라고 칭하는 것, 따라서 이 시가 '의미'를 경유하지 않고 시적인 효과를 생산한 사례라고 말한다면 지나친 과장일까. 명확하게 설명하기는 어렵지만, 우리가 '시적인 것'이라고 말하는 대상이 이미-항상 명확한 의미를 갖거나 문법적으로 정확해야만 하는 것은 아닐 것이다. "오늘이 없는 사람들과 오늘을 살아가고 있었다"(「무릎」)라는 진술처럼 때로는 논리적으로 모순되는 표현이 한층 큰 울림을 가져다주기 때문이다.

> 나는 나와 같이 살고 있어요 우리는 혼자가 된 적이 없고요 나는 내 곁을 언제든 떠날 수 있지만 그렇게 하지 않아요 나를 살아가는 것보다 오래가는 끝은 없으니까요 영원한 것보다는 그럴듯한 문장 하나 믿는 편이 영원에 더 가까울 테지만 가끔은 또 다른 내가 와서 내가 나와 잘 지내고 있는지 보고 가요 나는요 가장 고통스럽게 죽어가던

나에게서 우리라는 말을 배우고 말았어요 아직 한 번도 발음해 본 적 없지만 내가 많아질 때마다 내가 너무 많아져서 헷갈릴 때마다 그 말을 쓰고 싶어요 아무도 우리 사이를 우리의 관계를 인정해주지 않겠지만 언젠가 그 말을 꼭 쓰고 싶어요 나는 내게 무릎을 꿇고 있어요 또 다른 나는 제 살을 발라 아름다운 만찬을 준비해요 너무 행복한데 내가 너무 많아서 다 가진 것 같은데 그런데 그렇다고 내가 좋다는 건 아니에요 그건 정말 아니에요

―「방주」 전문

 만일 강전욱의 시에서 가장 중요한 단어를 하나 선택해야 한다면 나는 '나'라는 기호를 고를 것이다. 강전욱 시의 화자들은 반복적으로, 그리고 강박적으로 '나'에 대해 말한다. 그런데 '나'가 '나'에 대해 말하는 언어적 사건에는 두 명의 '나'가 등장한다. 편의상 그것을 말하는 '나'와 말해지는 '나', 즉 발화의 주체와 발화의 대상이라고 구분하자. 우리의 삶은 차이화(différenciation)의 연속적인 과정이라고 말할 수 있다. 차이를 긍정한다는 것, 그것은 자신('나')에 대해 '차이를 만드는 것'(차이화)이고, 그런 한에서 다른 것이 되는 것, 다른 '나'가 되는 것이다. 이처럼 '차이'를 본다는 것은 '나'라는 기표적인 동일성이 은폐하는 '차이'를 본다는 것이고, 무수한 '나들'을 하나의 단일한 '나'로 환원하지 않는다는 것이다. 후자의 경우

는 순전히 문법적 환상의 결과일 뿐이다. 강전욱의 화자들이 이야기하는 '나'가 우리가 알고 있는 '나'와 상당히 다르다는 것은 바로 이 '차이'의 관점에서 이해되어야 한다. 가령 「나는 텅 빈 초코케이크 안으로 들어갔다」라는 작품을 살펴보자. 이 시의 화자가 "내가 할 수 있는 일이란 그저/내가 나라는 사실 앞에서 뒤늦게 태어나고 있는/나를 오래도록 기다려주는 것뿐이었고"라고 말할 때의 '나'는 통상적인 의미의 1인칭 주체가 아니다. 그것은 철학적인 의미의 '자아'도 아니다. 여기에는 "뒤늦게 태어나고 있는/나"와 그런 '나'를 "오래도록 기다려주는 것"만이 자신이 할 수 있는 일이라고 주장하는 '나', 그러니까 두 명의 '나'가 등장한다. 차이의 철학이 이러한 차이화의 가능성을 봉쇄하지 않는 것이라면, 강전욱의 시는 다수의 '나'를 등장시켜 그것을 실증하고 있는 셈이다. 사정이 이러하다면 "다한 문장들과 더한 문장들 사이로/다정한 문장 한 줄이 껴 있었다"(「새」)에 등장하는 "다정한 문장 한 줄" 역시 '차이'의 흔적이라고 말할 수 있을 듯하다.

「방주」는 "나는 나와 같이 살고 있어요"라고 진술로 시작한다. 이 진술은 다소 노골적으로 앞의 '나'와 뒤의 '나'가 다른 존재임을 알려주고 있다. 우리는 이제 강전욱의 시에 등장하는 '나'라는 기호 안에는 '나들'이 공존("같이 살고 있어요")하고 있다는 것을 이해할 수 있다. 이러한 인식이 타당하다면 사실 모든 '나'는 1인칭 단수가 아니라 복수형, 즉 '우리'라고 표기

되어야 할 것이다. 그래서 시인은 "나는 나와 같이 살고 있어요"라는 진술 다음에 "우리는 혼자가 된 적이 없고요"라는 문장을 배치하고 있다. 그의 시에서 '나'는 사실 '우리'라고 쓰는 게 정확하며, '나' 또한 다수의 '나'로 쪼개거나 '나들'이라고 표현하는 것이 실제에 가까운 표현법일 것이다. 하지만 우리가 쓰고 있는 언어로는 이러한 존재론적 사건을 정확히 표현할 수가 없다. 이러한 이유로 인해 시인은 '나'를 이질적인 '나'로 분해하거나, '나'와 '너'의 관계로 표현하거나, 때로는 '우리'와 '나'를 섞어서 사용함으로써 이 차이가 '나'라는 동일성의 기호로 환원되지 않도록 한다. 강전욱의 시에 등장하는 표현들, 가령 "나보다 나를 더 잘 알고 싶었다"(「나는 텅 빈 초코케이크 안으로 들어갔다」), "나를 위해서/나를 해줄 수 있니?/나는 무리한 부탁만 하는 사람"(「덜컥」), "날 잊어버린 문장들이/내 이름을 찾아줄 때까지"(「체르니, 불가능한 체르니」), "나는 혼자 없인 아무것도 아닌 사람이었다"(「야근」), "언제나 나는 내 문장에 적응하지 못한 채 살아가고 있었다"(「여독」), "나에게서 너를 빼면 우리는 지극히 우리다운 것이 되었다"(「자맥」), "나의 보람은 나의 위독뿐인 것처럼"(「도핑」), "내가 나라는 나쁜 꿈에서도, 내가 나라는 그 지독한 악몽 속에서도 나는 꿈꾸는 자였다"(「갈대」) 같은 진술은 모두 이러한 존재론의 논리에 의해 이해되어야 한다. 「방주」는 '나'라는 1인칭 대명사가 사실은 수많은 '나들'로 채워진 하나의 '방주'와 같은 것임을 알리고자 한다. 하지만 시인은 존재에 대한 자신의 이런 사유가 '상식'이 지배하는 세상에서 이해되지 못할 것임을 잘 알고 있다. 그가 "그저/이해받고 싶지 않아서였다"(「채광」)라거나 "나는 이미 이 세상의 이야기가 아니었다"(「해적 1」)라고 주장하는 이유도 여기 있다.

혼자라는 것이
우리에게 얼마나 많은 의미가 담긴 우리였는지를 잊고 있었다

또렷하게
기억되는 미래에서는
우리 옆에는 아무도 없었다
우리 모두를 위해서

알아 우리는 보다 나은 인간에 가까워질 거야
다시는 보다 나은 우리에게는 결코 도달하지 못할 거야

이것이 우리의 진심이구나
이것이 우리의 최악이구나

손 놓지 않았을 때도

어깨에 기댔을 때도

옆만 보고 달렸을 때에도

우리 옆에는 아무도 없었다

영원이란 혼자 앓던 모든 미래를

함께 견디게 만드는 노래

가장 사적인 풍경

거기서는 살아남지 말자

절대

절대로

　　　　　　　　　　　　　―「우리」 전문

 '나'에 대한 문제는 '우리'의 문제와 연결되어 있다. 실제로 강전욱의 시에는 '나'만큼이나 '우리'가 자주 등장한다. '나'와 '우리' 사이의 경계가 존재하지 않는 한 이것은 필연적이다. 그런데 '나'라는 기호 안에 복수의 '나들'이 존재한다는 것을 드러내는 방식을 '우리'라는 기호에도 동일하게 적용할 수 있을까? 가령 "우리는 겨우 우리까지였고/우리는 감히 우리까지였다고"(「애드리브」)라는 진술을 살펴보자. 이 시에는 '나'와 '그대'라는 대명사가 등장하는데, 시인은 이 존재들을 배경으로 지금 '우리'에 관해 이야기하고 있다. 그런데 여기에서 앞의 '우리'와 뒤의 '우리'는 동일한 대상일까? 그것은 단정하기 어렵다. 그렇다면 「오와 열」에 등장하는 "우리 좋았는데/우리 우리였잖아"라는 진술은 어떨까? 이 시에서 앞서 인용한 진술 다음에는 "당신은 당신으로 불어나고/나는 인형뽑기 기계 앞에 선 작은 인형처럼"이라는 구절이 등장한다. 논리적으로 재구성해보면 '우리'가 '당신'과 '나'로 분열되는 사건이라고 이해할 수 있다. 그런데 이러한 논리의 마지막에 "당신 혼자 앞서가는 것을/우리의 탄생이라 부르고 싶어"라는 진술을 배치하면 사정이 달라진다. 논리적으로만 이해하면 '우리'는 '당신'과 '나'의 결합을 통해서만 탄생할 수 있기 때문이다. "우리는 혼자보다 뒤에 있었다"(「유족」)라는 진술이 바로 그렇다. 그렇다면 이것이 어떻게 가능할까? 이 시의 제목은 '오와 열'이다. 알다시피 '오와 열'은 가로와 세로, 즉 대열을 뜻한다. 그런데 이 시는 "비틀비틀"처럼 그러한 질서가 부재하는 상황에 대한 진술로 시작된다. 어떤 이유에서인지 정확히 알 수는 없지만 '두통'과 '메스꺼움'과 '숙취' 같은 시어들이 그 상황을 암시해주고 있다.

  '나'가 복수의 '나', 즉 '나들'이 '공존'하는 상태라면, 그리하여 '우리'라고 표현해도 거짓이나 과장이 아니라면, 통상적인 의미의 '우리'와 '나'의 또 다른 표현인 '우리'를 구분하는 것은 가능할까? 가령 "혼자라는 것이/우리에게 얼마나 많은 의미가 담긴 우리였는지를 잊고 있었다"라는 진술에 두 번 등장하는 '우리'라는 기호는 동일한 것일까? 인용 시에서 시인은 '우리'라는 동일한 기표가 등장하는 다양한 맥락을 제시하면서 이 물음을 확장해 나간다. 이를 위하여 시인은 의도적으로 '우리'가 두 번 등장하는 방식의 진술을 반복하고 있다. 2연의 "우리 옆에는 아무도 없었다/우리 모두를 위해서"라는 진술, 3연의 "우리는 보다 나은 인간에 가까워질 거야/다시는 보다 나은 우리에게는 결코 도달하지 못할 거야"라는 진술, 그리고 4연의 "이것이 우리의 진심이구나/이것이 우리의 최악이구나"라는 진술이 그것들이다. 이것들만이 아니다. 「유족」의 화자가 "우리는 너에 가까울까 나에 가까울까"나 "우리는 혼자보다 뒤에 있었다"라고 진술할 때, 이것은 '우리'를 구성하고 있는 복수의 '나들'을 '나'와 '너'로 분할함으로써 얻어진 인식이고, 「야근」의 화자가 "우리는 같은 노래를 부르고 있었다"라고 이야기할 때 그것은 '나=혼자'를 복수의 '나들'로 치환함으로써 성립 가능한 인식이다. 강전욱의 시에서 이러한 존재론적 계산법은 화합보다는 불화의 방식으로 표현되거니와 그것은 '우리' 혹은 '나'라는 기호를 구성하고 있는 이질적인 존재들, 즉 '나들'의 욕망의 벡터가 상이하다는 의미이다. "내 몸이 서쪽으로 가득해서/너를 끝까지 바래다줄 수가 없었다"(「해적1」), "내가 너를 얼마나 차분하게 밀어냈는지"(「복도」), "나에게서 너를 빼면 우리는 지극히 우리다운 것이 되었다"(「자맥」),

"나는 우리를 하나도 닮지 않은 우리와 마주한 것인데"(「해적 4」) 같은 진술에서 표현되고 있는 불화의 감각이 바로 그것을 증명한다. 이처럼 '나'가 불화의 기호가 될 때 비로소 "함께 견디게 만드는 노래/가장 사적인 풍경"이라는 표현이 가능해진다. 여기에서 '함께'는 공통성의 기호이지만, '우리'라는 기호를 구성하고 있는 이질적인 것들이 불화의 방식으로 존재한다면 그것은 "가장 사적인" 것이 될 수밖에 없기 때문이다.

> 손이 없는 사람에게서 배웠던 수화
> 집이 없는 사람에게서 받았던 빈방
>
> 당신의 안부가 나의 내부였으므로
>
> 손끝도
> 이름도 목소리도 우리가 잃어버린 공간 중 하나였으므로
>
> 새의 날개는 신의 부재를 뽐내고 있었다
> 새의 죽음은 신의 부채를 정리하고 있었다
>
> 더 나은 내가 되기 위해서 내 이야기를 끝까지 들어주지 않았던 것처럼

살구나무 옆에서

못다 한 문장들이 쌓이고 있었다

—「비트메이커」 전문

  강전욱의 시적 문제의식이 존재론, 즉 철학적인 사유에서 시작된 것인지 기표-기의의 자의성이라는 언어학적인 사유에서 시작된 것인지는 알 수가 없다. 다만, 한 가지 분명한 것은 '나-너-우리' 같은 인칭대명사를 중심으로 전개되던 존재론적 사유가 인칭대명사가 등장하지 않은 시편들에서도 동일하게 목격된다는 점이다. 이는 시적 사유의 기원이 '언어'일 가능성이 크다는 뜻이기도 하다. 인용 시는 "손이 없는 사람에게서 배웠던 수화/집이 없는 사람에게서 받았던 빈방"처럼 패러독스의 형식을 띤 진술로 시작된다. 여기에서 '손'이 없다는 것은 어떤 의미일까? 이 물음에 대답하기 위해 시집의 첫 페이지에 배치된 「차가운 사람」을 잠시 읽어보자. 이 시에서 화자는 자신에 대한 두 가지 사실을 고백한다. 하나는 자신이 누군가의 "손을 잡았다고 생각했다"라는 것이고, 다른 하나는 "손이 없는 내가 손을 잡게 된 것이라면"이라는 말처럼 자신에게는 '손'이 없다는 것이다. 요컨대 화자는 손이 없으면서도 손을 잡았다고 생각했다고 고백하고 있다. 이 사건은 어떻게 이해하면 좋을까? 우선 화자는 이 사건에 대해 "그것은 뭔가 크게 잘못되었거나 뭔가 크게 아름다운 일에 속하는 것"이라고 평가한다. 전자, 즉 "뭔가 크게 잘못되었다"라는 것이 논리적인 층위에서의 평가라면 후자, 즉 "크게 아름다운 일에 속하는 것"이라는 것은 문학적인 층위에서의 평가라고 말할 수 있다. 다만 손이 없는 사람이 누군가의 손을 잡는 일이 어떻게 가능한 것일까? 이 물음에 대해서는 두 가지 방식의 답변이 가능하다. 하나는 시인이 '손을 잡았다'고 말하지 않고 "손을 잡았다고 생각했다"라고 고백하고 있다는 점에 주목하는 것이다. 이 경우 손을 잡는 사건을 현실에서 발생하지 않았으므로 논리적인 층위에서 아무런 문제를 일으키지 않는다. 이러한 '생각'에 알리바이를 제공하는 것이 바로 "온기와 촉감"이라는 표현이다. 화자는 자신이 누군가의 손을 잡았다고 '생각'하고, 나아가 그것을 사실로 '믿어도 되'느냐고 질문하면서 "온기와 촉감"이 남아 있음을 증거로 제시한다. 다른 하나는 '손이 없음'이라는 존재론적 사실을 비(非)신체적인 사건으로 해석하는 것이다. 만일 우리가 "손이 없는 내가 손을 잡게 된 것"이라는 표현에 등장하는 두 개의 '손'을 동일한 기호로 간주하지 않는다면, 예컨대 하나의 '손'은 물리적인 신체를, 다른 하나의 '손'은 "온기와 촉감"처럼 비신체적인 접촉/관계를 표현하는 추상적 기호로 이해한다면 또 하나의 해석을 제시할 수도 있을 듯하다. 이러한 논리를 "손이 없는 사람에게서 배웠던 수화/집이 없는 사람에게서 받았던 빈방" 같은 표현에 적용하는 것은 불가능할까?

    우리는 선에 가까울까 악에 가까울까
    이 질문에는 선악이 없고

    우리는 너에 가까울까 나에 가까울까
    그 질문의 답을 안다면
    짐작이라도 할 수 있겠다면
    세상의 모든 지혜를 깨우치고도 남겠다

    그저 선을 넘고 싶어서
    선을 죽 긋고
    은유 바깥으로 서고 싶어서

    다리 쭉 뻗고
    가라앉고 있었다

    빛이 있기 전에도
    어둠이 있기 전에도

    있었던
    자연스러웠던

우리는 혼자보다 뒤에 있었다

—「유족」 전문

    강전욱의 모든 시편이 '나', '너', '우리'의 존재론적인 사유로 귀착되는 것은 아니다. 그의 시를 읽을 때, 시를 읽다가 오리무중에 빠질 때, 시인이 '언어'에 각별한 주의를 기울이고 있다는 사실을 환기할 필요가 있다. 시인이 이 세상과 싸우는 방식은 이미-항상 '언어'를 경유할 수밖에 없기 때문이다. 그리하여 시인이 "내딛는 모든 문장 문장들이 낯설다"(「해적 2」)거나 "우리는 작은 병 안에 담긴 세상을 들고 세상에서 쫓겨난다 아직 더 하고 싶은 이야기들이 참 많은데,"(「해적 3」)라고 말할 때, 그것은 '언어'라는 상징적 질서 안에서 모종의 싸움이 벌어지고 있다고 생각하면 좋을 듯하다. 우리는 흔히 시가 생각의 질서에 따라 전개된다고 생각한다. 하지만 어떤 시들은 생각이 아니라 '언어'의 질서에 의존하여 전개되기도 하는데, 이것은 곧 '생각'이 '언어'를 뒤따른다는 의미이기도 하다. 가령 인용 시의 전개 방식을 살펴보자. 이 시의 1행에는 '선'과 '악'이라는 두 개의 가치가, 2행에서 그것들이 합쳐져 형성된 '선악'이라는 개념이 각각 등장한다. 그런데 이러한 전개 방식은 '의미'의 질서에 따른 것이라기보다는 특정한 기호가 자연스럽게 연상시키는 언어의 연쇄에 근거한 것처럼 보인다. 7~8행에 등장하는 '선' 또한 마찬가지여서, 시인은 "그저 선을 넘고 싶어서"라고 말하는 동시에 "선을 죽 긋고"에 등장하는 또 다른 '선'을 떠올렸을 것이다. 이때의 '선'이 1~2행에 등장하는 '선'과 동음이의 관계라는 사실은 어렵지 않게 알 수 있다. 이와 유사하게 4연의 "다리 쭉 뻗고"라는 진술은 3연의 "선을 죽 긋고" 때문에 생긴 진술이고, 5연의 "어둠이 있기 전에도"는 "빛이 있기 전에도"라는 문장이 불러낸 것이라고 말할 수 있다. 강전욱의 시에는 이처럼 선행하는 기호가 뒤따르는 기호를, 또는 선행하는 진술이 뒤따르는 진술을 불러들이는 방식의 표현이 하나의 스타일처럼 반복된다. 가령 "심장은 뛰거나 가라앉고 있었고/침묵하거나 침해하고 있었고"(「해적 0」)에서 '뛰다-가라앉다'와 '침묵-침해'의 관계가 그렇고, "나와 엇갈리고 엇갈려서 너에게 닿았던 것처럼/헛걸음이라도 소중해서"(「해적 2」)에서 '엇갈리고-헛걸음'의 관계가 그러하며, "더 나빠질 것이란 희망이 나를 찾았듯이/더 나아질 것이란 절망이 나를 살렸듯이"(「상냥한 사람」)에서 '나빠질-나아질', '희망-절망'의 관계가 그렇다. 이러한 사례는 셀 수 없을 정도로 많다. "다한 문장들과 더한 문장들 사이"(「새」)에서 '다한-더한', "별다를 거 없는/별다름으로 충만한"(「다정」)에서 '별다를 거 없음-별다름', "새의 날개는 신의 부재를 뽐내고 있었다/새의 죽음은 신의 부채를 정리하고 있었다"(「비트메이커」)에서 '부재-부채'…….

강전욱의 시는 한편으로는 존재론에 대한 근본적인 사유를, 다른 한편으로는 언어적 질서에 따른 시적 전개를 통해 '시'에 관한 독자의 선입견을 뒤흔들어 놓는다. 아르토나 쇤베르크가 그랬듯이 강전욱 또한 독자의 '이해'를 넘어선 지점에서 새로운 시적 가능성을 찾아 나간다. 이러한 특징 외에도 그의 시는 특유의 패러독스한 인식과 주어-술어의 비상식적·비상투적 연결을 통해 우리의 읽기를 혼란스럽게 만든다. "기타의 일곱 번째 줄"(「상냥한 사람」), "휴가를 쓰고 출근을 했던 것"(「채광」), "흐르지 않는 이야기들이 흐르는 강물 속에서 흐르고 있었다"(「악몽」), "차 없이 차를 몰고 몰아"(「해적 4」), "오늘이 없는 사람들과 오늘을 살아가고 있었다"(「무릎」) 같은 표현들이 전자의 사례라면, "나 한 방울도 안 잤어요"(「단란」), "귀에서 눈물이 나"(「애드리브」) 같은 표현들은 후자의 사례라고 말할 수 있다. 물론 표면적으로 불합리한 것처럼 보이는 이 표현들의 이면에서 시인이 감춰둔 '의미'를 찾아내는 해석/독해가 불가능하진 않을 것이다. 하지만 이러한 표현들이 시를 읽는 속도를 더디게 만든다는 것, 즉 쉽게 소비하지 못하도록 한다는 것은 사실이다. 모든 현대적인 예술이 그렇듯이, 강전욱의 시편들 역시 무척 잔혹하다. 그것들은 우리로 하여금 이 세계에 대해 두 번 이상 생각하도록 만든다.

시인동네 시인선 209

너의 다정은 나의 소멸
ⓒ 강전욱

초판 1쇄 인쇄	2023년 7월 26일
초판 1쇄 발행	2023년 7월 31일
지은이	강전욱
펴낸이	김석봉
디자인	혜이존
펴낸곳	문학의전당
출판등록	제448-251002012000043호
주소	충북 단양군 적성면 도곡파랑로 178
전화	043-421-1977
전자우편	sbpoem@naver.com

ISBN 979-11-5896-601-0 03810

*이 책의 판권은 지은이와 문학의전당에 있습니다.
*양측의 서면 동의 없는 무단 전재 및 복제를 금합니다.
*잘못 만들어진 책은 바꿔드립니다.